― 양육반 교재 ―

균형잡힌 신앙생활

― BALANCED CHRISTIAN LIFE ―

최상태 지음

쿰란출판사

균형잡힌 신앙생활

주 안에서 형제요 자매된 여러분을 환영합니다. 아울러 본 교회에서 주님 안에 한 가족이 되어 양육반을 통해 더욱 하나님을 깊이 알고 바로 섬기려는 여러분을 격려하고 싶습니다.

로버트 브라우닝(Robert Browning)은 "인간이 지음 받은 것은 성장하기 위해서이지 정지하기 위해서가 아니다"라고 말하였습니다. 본 교재는 성숙한 그리스도인으로 자라 가는 데 도움을 주기 위하여 만들어진 교재입니다. 성숙한 그리스도인은 하루아침에 만들어지지 않습니다. 그리스도의 장성한 분량이 충만한 데까지 자라 가려면 날마다의 훈련과 교육을 통해야만 합니다. 성경지식을 아는 것에 그치지 않고 그 지식이 하나님을 알게 하며 내 삶의 구석구석에 영향을 끼쳐야 합니다.

바울이 골로새교회에 "그러므로 너희가 그리스도 예수를 주로 받았으니 그 안에서 행하되 그 안에 뿌리를 박으며 세움을 입어 교훈을 받은 대로 믿음에 굳게 서서 감사함을 넘치게 하라"라고 편지한 것같이 그리스도인은 온전한 데까지 계속 나아가야 합니다.

본 교재는 새가족반 공부를 수료한 분들이 균형잡힌 신앙생활을 해 나갈 수 있도록 기독교의 기본적이고도 핵심적인 진리와 성숙한 믿음의 삶에 이르기까지 다양한 주제를 가지고 13주에 걸쳐 공부할 수 있게 꾸몄습니다. 전반부는 「어떻게 믿어야 하는가?」 교리편을, 후반부는 「어떻게 살아야 하는가?」 생활편을 다루었습니다. "하나님께서 깨닫게 하시는 말씀은 무엇이든지 순종하겠습니다" 라는 자세로 매시간 공부에 임하시기를 바랍니다. 13주 과정이 끝날 즈음 하나님께서 놀라운 변화와 성숙을 우리에게 주실 줄 확신합니다.

이 양육반 교재가 세계 곳곳의 선교지와 국내 각 교회에서 많이 사용되어 풍성한 열매를 맺고 있다는 소식이 들릴 때마다 하나님께 감사합니다. 앞으로도 양육반 교육과정을 통하여 더욱더 예수 그리스도를 닮은 하나님의 사람들이 많이 나타나기를 간절히 기도합니다.

2022년 7월 27일
흩어진화평교회 목양실에서
최상태 목사

목차

머리말 _2

제1과	성경은 어떤 책인가?	7
제2과	하나님의 선물「구원」	16
제3과	하나님은 어떤 분이신가?	27
제4과	예수 그리스도	37
제5과	성령님은 누구신가?	48
제6과	교회란 무엇인가?	55
제7과	그리스도인과 예배	65

제8과	그리스도인과 교제	72
제9과	그리스도인과 기도	83
제10과	그리스도인과 전도	92
제11과	그리스도인과 시험	104
제12과	균형잡힌 신앙생활	109
제13과	하나님 나라	118

lesson 1
성경은 어떤 책인가?

공부를 시작하며

성경은 하나님이 성령의 감동을 받은 사람을 통해 하나님 자신과 그의 피조물에 대하여 계시한 책입니다(벧후 1:21). 구약성경에 보면 '여호와께서 말씀하시기를'이라는 말이 2천 번 이상 나오는데 이것은 성경의 원저자가 하나님이시며 성경이 하나님의 말씀이라는 것을 증거하고 있는 것입니다. 하나님의 감동을 입은 40여 명의 각각 다른 사람들이 약 1,600년 동안 각기 다른 시대, 다른 장소에서 여러 가지 목적으로 기록했지만, 처음부터 끝까지 하나의 통일된 주제를 다루고 있습니다(요 5:39).

성경은 크게 구약과 신약으로 되어 있는데 구약은 39권으로서 히브리어와 아람어로, 신약은 27권으로서 헬라어로 기록되어 있습니다. 여기서 말하는 '약(約)'은 하나님과 인간과의 약속을 의미합니다. 구약성경의 완성 시기는 주전 400년, 신약성경의 완성 시기는 주후 90년경입니다. 구약은 인간 창조 그리고 죄로 타락한 인간을 어떻게 다루어 나가시는가와 인류를 구속하기 위하여 하나님의 아들 예수 그리스도를 보내 주시겠다는 내용이고 신약은 구약에 약속하신 메시아가 오셔서 하신 사역과 삶이 그의 제자들을 통해 어떻게 이방세계로 확장되어 갔는가를 보여주고 있습니다. 따라서 구약과 신약은 별개의 책이 아닌 하나의 책으로 신약은 구약 안에 포함되어 있고 구약은 신약 안에 설명되고 있습니다. 성경은 하나님의 말씀입니다.

1 구약과 신약을 구분하여 그 내용을 간단히 살펴보십시오.

구분		내용
구 약	율법서(창세기-신명기)	
	역사서(여호수아-에스더)	
	시가서(욥기-아가서)	
	예언서(이사야-말라기)	

신약	복음서(마태–요한)	
	역사서(사도행전)	
	서신서(로마서–유다서)	
	예언서(요한계시록)	

✱ 포로기 중심의 성경 선지서 구분

포로기 이전 선지자들		포로기의 선지자들	포로기 이후 선지자들
북이스라엘에 대해 :	남유다에 대해 :	바벨론에 있는 유대인에 대해 :	귀환 후 남은 자들에 대해 :
아모스 (BC 730–750) 호세아(BC 755) 니느웨에 대해 : 요나(BC 760) 나훔(BC 660) 에돔에 대해 : 오바댜(BC 586)	요엘 이사야(BC 740) 미가(BC 735) 스바냐(BC 630) 예레미야 (BC 627) 하박국(BC 607) 예레미야애가 (BC 586)	다니엘(BC 605) 에스겔(BC 592)	학개(BC 520) 스가랴(BC 520) 말라기(BC 432)

2 디모데후서 3장 16-17절을 읽으십시오. 성경의 어느 부분이 하나님의 감동으로 쓰여졌습니까?

....

....

3 성경을 시대에 맞게 가감해도 될까요?(신명기 4:2, 계 22:18-19)

....

....

4 성경(하나님 말씀)의 특징을 찾아 보십시오.

① 벧전 1:23, 25 ....

② 히 4:12 ....

③ 사 55:11 (눅 21:33) ....

④ 딤후 3:15 ....

⑤ 눅 24:27 ....

5 하나님의 말씀이 우리를 위해 하시는 일은 무엇입니까?

① 시 19:7-8 ....

② 롬 15:4 ....

③ 행 20:32 ....

④ 시 119:11 ....

6 성경말씀을 어떻게 상징하고 있으며 그 상징하는 것을 통해 얻을 수 있는 교훈은 무엇입니까?

① 렘 23:29 ....

② 시 119:105 ....

③ 엡 6:17 ....

④ 약 1:23 ....

⑤ 벧전 2:2 ....

> 하나님의 말씀은 그리스도인의 성장에 있어 필수적인 양식입니다. 아는 것으로 끝나지 않고 그 말씀을 먹고(마음에 새기고) 순종할 때 삶의 변화와 영적 성장을 이룰 수 있습니다.

7 왜 우리가 성경을 믿는가? 그 이유를 4가지로 정리해 보십시오.

① 마 24:35 (마 5:18) ....

② 사 34:16 ....

③ 딤후 3:16 ....

④ 요 5:39 (히 1:1-2) ....

8 하나님께서 성경을 우리에게 주신 목적은 무엇입니까?(요 20:31)

① ....

② ....

9 성경말씀을 내 것으로 삼는 방법 7가지를 말해 보십시오.

① 듣기 / 느 8:8-9 (눅 11:28, 롬 10:17) ....

② 읽기 / 계 1:3 (딤전 4:16) ....
  * 하루에 3-4장씩 읽으면 1년에 성경 1번 읽을 수 있습니다. (每三主五)

③ 연구 / 행 17:11 (잠 2:4) ....

* 관찰, 해석, 적용은 읽는 것 이상의 의미가 있습니다.

④ 묵상 / 시 1:1-3 (시 19:10) ....

⑤ 암기 / 잠 7:3 (시 119:9-11, 마 26:75) ....

⑥ 실천 / 약 1:22 (마 5:19, 시 19:11, 딤후 3:14) ....

⑦ 가르치기 / 마 28:20 (골 3:16, 신 11:18, 딤후 3:16) ....

> "성경은 하나님이 인간에게 주신 최고의 선물임을 나는 믿는다. 이 세상에서 구주로부터 받는 모든 좋은 것이 이 책을 통해 전달되었다."
> – 에이브러햄 링컨(Abraham Lincoln) –

나눔과 적용

새롭게 발견한 부분이나 결심한 것이 있다면 함께 나누어 보십시오.

....

....

오늘 공부한 내용을 가족과 함께 나누고 느낀 점을 적어 오십시오.

....

....

lesson 2
하나님의 선물 「구원」

공부를 시작하며

　아담의 후손인 모든 인류는 죄에 빠져 있습니다. 그 죄의 결과로 하나님의 진노와 사망에 이르게 되었습니다.
　그러나 하나님은 아무도 멸망치 않고 구원에 이르기를 원하셨습니다. 그래서 독생자 예수 그리스도를 보내어 사람의 죗값을 대신 치르게 하셨습니다. 바로 인류를 구원하기 위한 그리스도의 십자가 죽음과 부활입니다.

죄

1 사람이 구원받아야 할 이유가 무엇이라고 생각하십니까?

① 롬 3:23

② 렘 17:9-10

③ 사 59:1-2

2 성경에서 말씀하고 있는 죄란 무엇입니까?

① 롬 3:10-15

② 약 4:17

③ 요 16:9

④ 요 3:20

⑤ 사 1:2

3 사람이 짓는 구체적인 죄의 유형들을 다음 성경에서 찾아 보십시오.

① 롬 1:29-31

② 갈 5:19-21

③ 계 21:8

4 우리가 범한 죄들을 해결 받지 않으면 어떤 결과가 올까요?

① 롬 2:5 (롬 8:7)

② 마 25:41, 46

③ 요 3:18, 36

④ 롬 6:23

회개

5 진정한 회개가 이루어지려면 무엇이 전제되어야 합니까?

① 시 51:1-3, 17 ....

② 눅 19:7-8 ....

▶ 회개란? 죄로부터 돌이켜 하나님께로 향하는 것

6 회개하는 자에게 주시는 하나님의 약속이 무엇입니까?

① 사 1:18 (요일 1:9) ....

② 사 38:17 ....

③ 히 8:12 ....

④ 시 103:12 ....

믿음

7 하나님께서 인간의 죄 문제 해결을 위하여 어떤 일을 하셨습니까?

① 요 3:16 (골 1:20) ....

② 롬 5:8-10 ....

③ 사 53:6 ....

④ 엡 1:4-6 (롬 8:30) ....

8 주 예수를 믿어야 구원을 받는다고 하셨는데, 예수님을 믿는다는 것은 구체적으로 무엇을 의미합니까?(복음의 내용)

① 롬 10:9-10, 13, 요 2:21-22 ....

....

② 고전 15:1-4, 요일 4:15-17 ....

③ 요 1:12 (계 3:20) ....

④ 롬 5:8, 갈 1:4 ....

영생 🍃

9 영원한 생명을 누가, 어떻게 얻을 수 있습니까?

① 요 6:35, 40, 47 ....

② 요 11:25-27 ....

③ 요일 5:11-13 ....

④ 엡 2:8-9 ……………………………………………………

10 세상에 구원받는 길이 많다고 말하는 사람에게 성경은 무엇이라고 말씀하고 있습니까?

① 요 14:6 ……………………………………………………

② 행 4:12 ……………………………………………………

11 우리가 받은 구원(영생)은 결코 잃어버리지 않을 것입니다. 어떻게 알 수 있습니까?

① 히 13:5 ……………………………………………………

② 롬 8:35-39 ………………………………………………

③ 엡 1:13-14 ………………………………………………

④ 요 10:28-29 ……………………………………………

구원받은 증거

12 구원받은 것을 아는 것은 우리의 어떤 노력이나 만족감을 근거로 하지 않습니다. 그것은 증거와 변화된 삶을 통해 알게 됩니다. 그 의미를 설명해 보십시오.

① 객관적 증거 (요 3:16, 요 5:24, 행 16:31)

....

② 주관적 증거 (롬 8:16, 엡 1:13)

....

③ 변화된 삶 (고후 5:17, 행 22:10, 살전 1:3-4, 요 1:40-46)

....

13 믿음이 계속 자라가기 위해서 힘써야 할 것들을 기록해 보십시오.(엡 4:13, 15)

① .... ② ....

③ .... ④ ....

⑤ .... ⑥ ....

하나님 아버지!
나는 죄인입니다. 주님의 용서하심이 필요합니다. 예수님께서 나의 죄를 대신하여 죽으시고 다시 부활하신 것을 믿습니다.
지금 예수님을 나의 주 나의 하나님으로 영접하오니 오셔서 내 마음을 다스려 주옵소서. 하나님의 자녀 삼으시고 영생을 주시니 감사드립니다. 이제는 믿음으로 주님을 의지하며 살겠습니다.

---

14 아래 순서에 따라 자신의 신앙을 간단히 간증해 보십시오.

① 믿기 전

....

....

② 믿게 된 동기

....

....

③ 믿으면서 얻은 경험

....

....

④ 앞으로의 믿음생활에 대한 결단과 각오

....

....

15 나 자신이 구원받은 주관적인 증거들을 말해 보십시오.

① ....

② ....

③ ....

④ ....

⑤ ....

나눔과 적용

오늘 특별히 깨달은 말씀은 무엇이며 앞으로 어떻게 신앙생활하고 싶습니까? 구원받은 자가 어떻게 살아야 할지 로마서 12장 말씀을 묵상하고 정리해 보십시오.

....

....

....

....

lesson 3

하나님은 어떤 분이신가?

공부를 시작하며

　호세아 선지자는 "번제보다 하나님을 아는 것을 원하노라"(호 6:6)라고 말했습니다. 하나님은 그의 백성인 우리에게 자신을 드러내기를 원하십니다. 예수님을 믿음으로 하나님과 특별한 관계를 맺게 된 그리스도인은 하나님을 깊이 알아가기 위해 힘써야 합니다. 하나님을 바로 알 때 사랑할 수 있고 바로 섬길 수 있으며 하나님 중심의 삶을 살 수 있기 때문입니다.

　하나님이 어떤 분이신지 모르면 우리 주위에 일어나는 모든 일에 대해 하나님의 관점으로 이해할 수 없고 바른 행동을 취할 수 없으며 믿음의 확신을 갖기도 어렵습니다. 그러므로 우리가 믿는 하나님이 어떤 분이신지 알아가야 합니다.

1 다음 구절은 하나님을 아는 일이 얼마나 중요한가를 말씀하고 있습니다.

① 렘 9:24 ....

② 요 17:3 ....

2 우리가 하나님을 어떻게 알 수 있습니까?

① 요 14:8-9 ....

② 고전 2:10 ....

③ 롬 1:19-20 ....

④ 롬 2:15 (벧전 3:21) ....

⑤ 전 3:11 ....

3. 성경을 보면 하나님의 이름이 여러 가지가 있습니다. 그 이름들은 하나님의 품성(속성)을 묘사하고 있는데 히브리어에 나타난 하나님의 이름들을 보면서 하나님이 어떤 분이신지 알아봅시다.

① 여호와 삼마 (겔 48:35) : 여호와께서 거기 계시다.

....

② 여호와 로이 (시 23:1) : 여호와는 나의 목자이시다.

....

③ 여호와 이레 (창 22:14) : 준비하시는 하나님

....

④ 여호와 라파 (출 15:26) : 치료하시는 하나님

....

⑤ 여호와 샬롬 (삿 6:24) : 하나님은 평강이시다.

....

⑥ 여호와 닛시 (출 17:15) : 여호와는 나의 깃발(승리)

....

⑦ 엘 샤다이 (창 17:1) : 나의 전능하신 하나님

....

⑧ 엘로힘 (창 1:26) : 삼위일체의 하나님

....

* 이러한 하나님의 속성을 묵상할 때 얻는 은혜가 무엇입니까?

....

4 하나님의 품성에 대해 계속 공부해 봅시다.(대상 29:10-13)

(1) 비공유적 속성

① 롬 11:36 (고전 8:6) ....

② 사 44:6 (사 40:28) ....

③ 사 9:6 (렘 32:17) ....

④ 단 6:26 (히 13:8) ....

⑤ 시 139:1-6 ....

⑥ 시 139:7-12 (대상 28:9) ....

(2) 공유적 속성

① 요 4:24 ....

② 출 15:11 (벧전 1:6) ....

③ 엡 2:1-4 (시 103:8) ....

④ 시 119:137 (시 89:14) ....

⑤ 요 3:16 (요일 4:7-8) ....

⑥ 딛 1:2 (히 6:17-18)

⑦ 롬 1:18-21

* 교훈

하나님의 품성들이 당신의 삶에 어떠한 영향을 미치고 있습니까?

하나님의 공유적 속성들 중 당신의 성품에서도 발견할 수 있는 것은 어떤 것들인지 적어 보십시오.

삼위일체 하나님

우리가 믿는 하나님은 한 분이시지만 한 분 안에 성부, 성자, 성령이라는 삼위가 존재하십니다. 이 삼위 하나님은 능력이나 영광 면에서 동일하시며 서로 구분은 되나 분할되지 않으시며 각각 완전성을 이룸과 동시에 통일성을 이루고 계십니다. 본질적으로, 존재론적으로 동등하십니다. 삼위일체는 신비에 속한 교리로서 성경에서 말씀하고 있는 계시의 한도 내에서 이해하며 믿음으로 받아들여야 하는 진리입니다.

5 삼위일체 하나님에 대한 성경적 증거를 말해 보십시오.

(1) 구약

① 창 1:26

② 창 11:7

③ 사 6:8

(2) 신약

① 마 3:16-17

② 마 28:19

③ 고후 13:13

④ 요 10:29, 30

⑤ 요 14:8-10

⑥ 요 16:13, 15

⑦ 요 17:1-4

6 삼위일체 하나님이 함께 나타나셔서 사역한 본문을 찾아보고 하나님께서 왜 자신을 삼위일체 하나님으로 계시하셨을까를 깊이 묵상해 보십시오.

① 창 1:1-3

② 창 1:26-27

③ 엡 1:3-14

7 이러한 하나님은 그의 백성인 우리를 향하여 어떠한 소원을 갖고 계실까요?

① 요 17:21-22 ....

② 호 6:3, 6 ....

③ 딤후 2:4 ....

8 하나님이 보내신 예수 그리스도를 믿고 구원받은 우리는 그 하나님께 어떤 반응을 하며 살아야 하겠습니까?

① 시 95:1-2 ....

② 잠 25:13 (요 8:29) ....

③ 요 17:4 ....

나의 삶 가운데 하나님을 알아가기 위해 더욱 힘써야 할 것은 무엇입니까?

....

....

시편 139편을 읽고 묵상해 보십시오.

....

....

....

lesson 4
예수 그리스도

공부를 시작하며

예수 그리스도는 인류 역사에서 가장 중심이 되는 분입니다. 지난 2천 년 동안 사람들은 예수님에 대해서 위대한 스승이나 성자 혹은 종교의 창시자나 선지자, 하나님의 아들, 하나님 등으로 여겨 왔습니다. 이처럼 사람마다 예수 그리스도에 대한 생각이 달랐습니다. 예수님께서 가이사랴 빌립보 지방에서 제자들에게 "너희는 나를 누구라 하느냐"(마 16:13-16)라고 물으셨습니다. 이 질문에 당신은 예수님을 어떤 분으로 대답하시겠습니까? 지금까지 내가 생각해 왔던 예수님을 여기에 기록해 보십시오.

....

....

사람이 되신 하나님 (예수님의 인성)

> 예수 그리스도는 근본 하나님의 본체시나(빌 2:6-8) 자발적으로 동등됨을 포기하시고 사람의 몸을 입고 이 땅에 오셨습니다(요 1:14).

1 예수님께서 우리와 같은 인간의 성정을 지니셨음을 나타내는 단어를 아래 성경에서 찾아 보십시오.

① 마 4:1-2 ....   ② 마 2:1 ....

③ 눅 2:40, 52 ....   ④ 막 4:38 ....

⑤ 눅 4:2 ....   ⑥ 요 4:6 ....

⑦ 요 11:35 ....   ⑧ 눅 24:39 ....

2 예수님께서 사람이셨지만 우리와 다른 점은 무엇입니까?

(히 4:15, 요일 3:5) ....

....

3 예수님께서 인성을 지니셔야만 했던 이유가 무엇이라고 생각하십니까?

(히 9:22) ....

....

예수님의 인성을 부인하는 자는 어떤 자리에 빠지게 됩니까? (요일 4:2-3)

....

....

하나님이신 사람(예수님의 신성)

이사야 선지자는 예수 그리스도의 오심을 주전 750년에 예언했습니다. 그에 대하여 말하기를 "그 이름은 기묘자라, 모사라, 전능하신 하나님이라, 영존하시는 아버지라, 평강의 왕이라 할 것임이라"(사 9:6)라고 했습니다. 예수 그리스도는 성육신(成肉身)하신 하나님이십니다.

4 예수님은 하나님의 아들로서 하나님의 모든 속성을 공유하고 계셨음을 발견할 수 있습니다.

① 요 16:27-28

② 마 28:18-20

③ 요 1:1-2, 14

④ 골 1:16-17

⑤ 고후 5:21

5 예수 그리스도를 하나님이라고 주장하며 고백한 사람들은 누구입니까?

① 요 10:30 (요 14:9) ....

② 마 17:5 ....

③ 마 14:33 ....

④ 마 27:54 ....

⑤ 요 20:28 ....

* 이들의 공통적인 주장과 고백은 무엇입니까?

....

....

6 예수 그리스도의 사역 가운데 자신이 하나님 되심을 드러낸 사건들은 어떤 것이었습니까?

① 마 8:23-27

② 요 5:19-20

③ 눅 4:33-36, 40

④ 요 11:33-44

⑤ 막 2:7

⑦ 요 10:10

7 예수 그리스도가 하나님 되심을 결정적으로 확증해 준 사건은 무엇이 었습니까?(롬 1:4, 고전 15:3-8)

8 예수님께서 신성을 지니지 않으셨다면 우리의 구원자가 될 수 없는 이유를 이야기해 보십시오.(롬 3:10, 막 2:6-12)

....

....

예수님의 사역

> 그의 제자들이 기록한 4복음서를 보면 예수 그리스도의 사역을 알 수 있습니다. 제자들이 예수님의 행하신 일을 다 기록하지는 않았지만(요 21:25) 4복음서만 보아도 예수님이 어떤 일을 하셨는지 충분히 알 수가 있습니다.

9 마태는 예수님이 하신 사역을 어떻게 소개하고 있습니까?

① 마 4:23 ....

② 마 16:21 ....

10 예수님은 십자가에서 어떤 대가를 치르셨습니까?

① 요 1:29

② 사 53:3-6 (히 9:12)

③ 마 27:46 (요 19:30)

11 우리 죄를 대속하기 위하여 당하신 고난을 누가복음 23장을 중심으로 묵상해 보십시오.

12 예수님은 왜 위와 같은 사역을 하셔야만 했을까요?

① 갈 1:4 ....

② 요 8:34 ....

③ 약 1:15 ....

④ 벧전 3:18 ....

⑤ 엡 2:1-2 ....

13 예수 그리스도께서 행하신 일을 믿음으로 우리가 누리게 되는 축복들은 무엇입니까?

① 요 1:12 ....

② 행 10:43 ....

③ 엡 1:13 ....

④ 히 4:16 ....

⑤ 요 5:24 ....

⑥ 엡 2:13 ....

⑦ 요 14:3 ....

⑧ 갈 3:2 ....

14 부활신앙을 가진 자는 어떻게 살아야 합니까?

① 요 20:19-24, 27 ....

② 고전 15:51-58 ....

15 승천하신 예수님은 지금 무슨 사역을 하고 계십니까?(마 24:30-31)

① 롬 8:34, 히 7:25 ....

② 요 14:3 ....

③ 요 16:7 ....

죄인된 나를 위해 성육신 하신 하나님의 사랑과 은혜에 대해 서로 나누어 보십시오.

....

....

남편, 아내, 자녀 혹은 부모님께 예수님에 대해 알고 느끼는 것을 이야기해 보십시오.

....

....

lesson 5

성령님은 누구신가?

공부를 시작하며

보혜사 성령을 보내사 영원토록 우리와 함께해 주시겠다고 주께서 약속하셨습니다. "그는 진리의 영이라 세상은 능히 그를 받지 못하나니 이는 그를 보지도 못하고 알지도 못함이라 그러나 너희는 그를 아나니 그는 너희와 함께 거하심이요 또 너희 속에 계시겠음이라"(요 14:17).

성부·성자 하나님이 인격을 지니고 계신 것처럼 성령 하나님도 인격적인 존재이십니다. 헬라어에서 성령님을 지칭할 때 남성명사인 "그분(He)" 혹은 "그에게(Him)"라는 인칭을 붙이며 사물을 가리키는 "그것(It)"이라는 말을 쓰지 않습니다.

그 이유는 성령님께서 인격을 지니고 계시기 때문입니다. 성령님은 성부, 성자와 동등한 분이시며 하나님의 모든 속성을 공유하고 계신 분입니다.

1 성령님께서 인격을 지닌 분이심을 성경에서 어떻게 묘사하고 있습니까?

① 요 16:7-8 ....

② 행 8:29 ....

③ 행 13:2, 4 ....

2 성령님께서 하나님이라는 사실을 성경은 어떻게 말씀하고 있습니까?

① 창 1:26 (욥 33:4) ....

② 시 104:30 ....

③ 시 139:7 ....

④ 히 9:14 ....

⑤ 행 5:3-4

⑥ 눅 1:35

3 보혜사 성령님께서 오신 목적은 무엇입니까?

① 요 16:13-14

② 요 15:26

4 성령님께서 하시는 사역이 무엇입니까?

① 요 15:26, 행 1:8

② 요 3:5

③ 고전 3:16

④ 요 14:26

⑤ 롬 8:26 ....

⑥ 고전 12:3 ....

⑦ 엡 1:13-14 ....

⑧ 갈 5:22-23 ....

⑨ 엡 4:3 ....

성령 충만이란

'성령님의 완전한 지배와 다스림 아래 놓여지는 상태'를 말합니다. 즉 성령님께 붙잡혀 그의 능력으로 채워지는 것을 의미합니다. 그러나 많은 사람들이 성령 충만을 신비한 상태로 들어가거나 어떤 물질이 채워지는 것으로 생각하는 경향이 있습니다. 성령 충만하여 성령님께 지배를 받으며 살 때, 그리스도 중심의 삶을 살게 되며 그의 인격과 품성을 드러내게 되는 것입니다.

하나님의 성령으로 충만해진다는 것은 그의 능력으로 충만해지는 것이며, 말씀으로 충만해질 때 그의 말씀이 우리의 마음과 생각을 통제하게 됩니다.

5 에베소서 5장 18절의 "오직 성령으로 충만함을 받으라"는 말씀을 아래와 같이 표현할 수 있습니다. 이것이 주는 의미는 무엇입니까?

① 명령형 ....   ② 복수형 ....

③ 현재형 ....   ④ 수동형 ....

6 왜 우리가 성령 충만함을 입어야 합니까?

① 눅 24:49 (행 7:55, 9:31) ....

....

② 눅 4:18 (행 6:10, 9:17, 11:24, 13:9) ....

....

③ 갈 5:16-17 ....

7 성경을 상고해 보면, 어느 때 성령이 충만하게 임했습니까?

① 행 2:1-4 (행 4:31)

② 행 8:14-17

③ 행 10:44-47

④ 눅 1:15, 41

8 성령의 9가지 열매는 무엇입니까?

성령님에 대해서 새롭게 깨달은 부분을 함께 나누어 보십시오. 그리고 우리에게 보혜사 성령님을 보내주신 하나님께 감사기도를 드립시다.

lesson 6

교회란 무엇인가?

공부를 시작하며

　일반적으로 교회를 예배당 건물로 잘못 인식하고 있는 경우가 많습니다. 그러나 예배당은 예배드리는 곳은 되지만 진정한 의미에서 교회는 아닙니다. 성경에서 말하는 교회는 조직이나 건물이 아닙니다. 그리스도인들이 모인 공동체가 교회입니다. 모든 교파와 인종과 국가를 초월하여 그리스도 안에서 성령으로 거듭난 사람들이 모인 거룩한 공동체가 교회인 것입니다. 교회란 헬라어로 「에클레시아(ἐκκλησία)」라고 하고 히브리어로는 「카할(קהל)」이라고 하는데 하나님의 택함을 입은 사람들의 모임 혹은 회중을 의미합니다. 교회는 세상 속에 존재하지만 세상에 속한 것이 아니라 구별되어 있는 무리를 뜻합니다. 주님께서는 승천하시면서 피흘려 값 주고 사신 당신의 몸인 교회를 이 땅에 남겨두고 가셨습니다. 그리고 오늘날 교회를 통해 하나님의 일을 계속 진행해 나가고 계십니다. 따라서 교회는 하나님께서 특별히 쓰시기 위해서 불리움(to call out)을 받은 사람들의 모임입니다. 예수님께서 교회에 대한 정의를 말씀하셨습니다. "두세 사람이 내 이름으로 모인 곳에는 나도 그들 중에 있느니라"(마 18:20).

1 교회의 변천과정을 이야기해 보십시오.
제단시기(에덴동산/족장) → 성막(광야 시대)
→ 성전시기(솔로몬 이후) → 교회시대(오순절 이후)

2 교회를 세우신 분이 누구이며 그분은 어떻게 교회를 얻으셨습니까?

① 마 16:18 ㅤㅤㅤㅤㅤㅤㅤㅤㅤㅤㅤㅤㅤㅤㅤㅤ

② 행 20:28 ㅤㅤㅤㅤㅤㅤㅤㅤㅤㅤㅤㅤㅤㅤㅤㅤ

③ 행 2:1-4 ㅤㅤㅤㅤㅤㅤㅤㅤㅤㅤㅤㅤㅤㅤㅤㅤ

④ 마 18:20 ㅤㅤㅤㅤㅤㅤㅤㅤㅤㅤㅤㅤㅤㅤㅤㅤ

3 신약에서는 교회를 여러 비유적 명칭을 사용하여 우리에게 귀한 교훈을 주고 있습니다.

① 엡 1:21-23 ....

② 엡 5:25-27 ....

③ 딤전 3:15 ....

④ 고전 3:16 ....

⑤ 고전 3:9 ....

⑥ 엡 2:20-22 ....

⑦ 계 21:2-3 ....

4 로마서 12장 3-8절을 찾아 읽으십시오.

① 중생한 그리스도인들은 주 예수 그리스도를 믿는 다른 사람과 더불어 그리스도의 몸에 무엇이 됩니까?(5절, 엡 3:6)

② 그리스도의 몸인 교회를 섬겨 나갈 때 지체로서 유의할 점이 무엇입니까? (3, 6절)

………………………………………………………………………

5 고린도전서 12장 4-27절에서 살펴보십시오.

① 각 지체에 여러 가지 은사와 직분을 주신 분은 누구입니까? (18절)

………………………………………………………………………

② 몸에 어떤 불필요한 부분이 있습니까? (20-22절)

………………………………………………………………………

③ 하나님이 각 지체들에게 바라시는 것이 무엇입니까? (25절, 요 17:21-22)

④ 다른 지체들과의 관계는 어떠해야 합니까? (26절, 엡 4:1-6)

6 목회자가 교회에서 우선적으로 할 일이 무엇입니까?(엡 4:11-13)

7 하나님께서 교회에 각기 다른 직분자를 세우시는 의도는 어디에 있습니까?(벧전 4:10-11, 롬 12:10-13)

8 교회가 이 땅에 존재하는 목적이 무엇입니까?

① 시 29:2 (롬 12:1) ....

② 마 22:37-40 ....

③ 딤전 2:4 (엡 3:8-11) ....

9 역사상에 나타났던 교회 중에 초대교회는 가장 모범적인 교회입니다. 사도행전 2장 42절을 보면 초대교회가 했던 일들은 어떤 것이었습니까?

① .... ② .... ③ .... ④ ....

10 초대교회 성도들은 주로 어디에서 모였습니까?(행 2:46, 롬 16:5, 고전 16:19, 골 4:15, 몬 1:2)

....

11 초대교회의 두드러진 특징은 무엇이었습니까?

① 행 2:40-42

② 행 4:29-31

③ 행 5:42 (19:20)

④ 행 6:7 (8:35, 9:31)

12 교회가 해야 할 두 가지 사명은 무엇일까요? "지상교회는 세상으로부터 (   ) 받은 하나님의 백성이요. 또한 세상으로(   ) 받은 그리스도의 제자입니다."
▶ Come structure church / Go structure church
(요 20:21, 벧전 2:9-10, 출 19:5-6, 고전 1:1-2)

13 일반적으로 교회의 속성을 다음 4가지로 나누어 생각합니다. 그 뜻이 무엇인지를 살펴봅시다.

① 보편성 (딤전 2:4) ....

② 통일성 (엡 1:10) ....

③ 거룩성 (벧전 1:16) ....

④ 사도성 (요 20:21, 고후 11:5) ....

14 역사상 나타났던 교회 중 가장 이상적인 교회 모델은 초대 예루살렘교회와 안디옥교회입니다.(행 2장, 13장) 이 교회들에게서 배울 수 있는 장점들은 무엇입니까?

① 예루살렘교회 (행 2:42-47) ....

....

② 안디옥교회 (행 11:26, 행 13:1-3) ....

....

15 흩어지는 교회가 갖는 의미는 무엇입니까?(3가지)

....

....

16 왜 교회가 흩어지는 교회가 될 때 안디옥교회처럼 이상적인 교회가 될 수 있다고 하는지 각자의 생각을 나누어 보십시오.

....

....

어떤 교회가 건강한 교회일까요?

....

....

함께 지어져 가는 아름다운 공동체를 이루기 위하여 오늘날 그리스도의 지체인 성도들이 마음에 두고 실천할 것은 무엇이라고 생각하십니까?

....

....

....

lesson 7

그리스도인과 예배

공부를 시작하며

생명의 주님을 만난 자는 예배합니다. 예배(Worship)라는 단어는 '가치(Worth)'와 '신분(ship)'이라는 두 단어의 합성어입니다. 즉 예배(Worship)란 「최상의 가치를 하나님께 돌린다」는 뜻입니다. 히브리어로 예배를 의미하는 「아바드」(עבד)는 '섬김이나 봉사'를 나타내는 말이고 「샤하」(שחה)는 '굴복하다'는 뜻을 지니고 있습니다. 예배는 거룩하신 하나님과 죄인이 만나는 것이며 그 하나님께 꿇어 엎드려 최고의 가치를 돌려드리는 것입니다. 따라서 예배는 본질적으로 드리는 것입니다. 그리스도인은 자기 생각대로 하나님을 예배하는 것이 아니라 하나님이 계시하신 진리의 말씀에 근거하여 예배해야 합니다. 예배란 "예수 그리스도 안에서 자신을 계시해 주신 하나님과 그 하나님 앞에 뜨겁게 응답하는 만남의 현장이다"(John Burkhart)라고 말할 수 있습니다.

교회는 예배를 위한 부름의 공동체입니다. 구원받은 하나님 나라의 백성들이 모여서 주께서 행하셨던 일과 지금도 하고 계신 일 그리고 앞으로 하실 일에 주목하고 기대하며 찬양하고 감사하는 「피조물의 응답적 행위」라고 정의할 수 있습니다. 하나님은 오늘도 바르게 예배하는 자를 찾고 계십니다. 지금은 어느 때보다도 바르게 예배해야 할 때입니다. 우리는 예배신학 정립이 절실히 요청되는 포스트모더니즘 시대에 하나님께 예배하고 있습니다. 예배자로서 창조주요 구속주 되시는 주권자 하나님께 최고의 가치를 돌려드려야 합니다.

1 피조물이며 죄인인 인간이 거룩하신 하나님을 만날 때 나타내는 첫 반응은 무엇이라고 생각하십니까?(시 95:6, 마 2:11)

2 성경은 하나님께 예배하는 태도가 어떠해야 한다고 가르치고 있습니까?

① 전 5:1-2

② 요 4:23-24 ....

③ 시 95:1-2 ....

④ 시 51:17 ....

⑤ 시 39:7 ....

⑥ 시 50:23 ....

3 하나님이 받지 않으시는 예배는 어떤 예배입니까?

① 사 29:13 (마 15:7-9) ....

② 암 5:21-24 (사 1:11-17) ....

③ 말 1:6-10 ....

4 가인과 아벨 형제는 같이 예배를 드렸는데 왜 하나님께서 아벨의 제사는 받으셨으나 가인의 예배는 받지 않으셨을까요?(창

4:4-5, 히 11:4)

....

5 예배자와 예물과의 관계를 어떻게 생각하십니까?(시 76:11, 마 6:21)

....

....

6 예배 드릴 때 빠뜨리지 말아야 할 중요한 요소들은 어떤 것들입니까?

① 시 50:14, 시 100:4 ....

② 레 16:21 ....

③ 대상 16:29 ....

④ 행 2:42 ....

⑤ 골 3:16 ....

7 헌금(물질)을 드릴 때의 자세는 어떠해야 합니까?

① 대상 29:14 ....

② 고후 9:1-5 ....

③ 대상 29:2-3 ....

8 성경은 예배를 크게 둘로 나누어 교훈하고 있습니다.

① 요 4:23-24 ....

② 롬 12:1-2 ....

9 사람이 바른 예배를 드림으로 하나님을 만나게 될 때 어떤 현상이 나타날까요?

① 요 1:14

② 사 6:1-8

10 오늘날 그리스도인들이 드리고 있는 예배의 문제점은 어떤 것들이라고 생각하십니까? 함께 나누어 보십시오.

당신은 그리스도인으로서 하나님 앞에 올바른 예배자의 삶을 살고 있습니까? 미흡한 부분이 있다면 무엇입니까?
(하나님나라 공동체로서 예배하기 & 삶의 현장에서 하나님 앞에 살아가기)

....

....

....

....

....

lesson 8

그리스도인과 교제

공부를 시작하며

　교제는 서로 만나 함께하며 사귐을 갖고 가까이 지내는 것을 말합니다. 그리스도 안에서의 교제를 헬라어로 「코이노니아(Koinonia)」라고 하는데 이 뜻은 '공동목적을 가지고 다른 사람과 함께 참여하는 것'을 말합니다. 동의어인 라틴어 「커뮤니온(Communion)」은 '하나님과 함께 사귀는 것과 똑같이 다른 신자들과 나누는 교제'를 의미합니다.
　우리가 예수님을 믿을 때 하나님과 교제가 시작되고 그를 믿는 다른 사람과도 새로운 관계를 맺어 교제하게 됩니다. 이러한 교제가 그리스도인에게는 꼭 필요합니다. 그리스도인의 교제는 해도 되고 안 해도 되는 선택의 문제가 아닙니다. 왜냐하면 그리스도인은 십자가 안에서 이루어진 하나님 나라의 한 가족이기

때문입니다. 따라서 모든 그리스도인들은 교제를 통해서 하나님이 주시는 풍성한 은혜를 누릴 수 있습니다.

1 그리스도인으로서 맺어야 하는 두 관계는 무엇입니까?(마 22:37-40)

....

2 우리 그리스도인들의 제1차적인 사귐의 대상은 누구입니까?(고후 13:13, 요일 1:3)

....

3 우리가 어떻게 해서 하나님과 사귐을 가질 수 있게 되었습니까?(엡 2:13-14, 롬 5:1)

....

....

4 우리가 하나님 아버지 앞에 담대하게 나아갈 수 있는 이유가 무엇입니까?(요 14:6, 히 4:14-16)

....

....

5 하나님께서 우리를 부르신 목적이 무엇입니까?(고전 1:9)

....

....

6 하나님과의 교제, 그리스도인 간의 교제를 방해하는 것이 무엇이라고 생각하십니까?(요일 1:6, 요일 2:11, 사 59:2)

....

....

하나님과의 교제

> 그리스도인이 주님과 교제를 위한 노력을 하지 않는다면 그의 체험과 관계없이 하나님과 정상적인 관계를 유지하기란 거의 불가능한 것입니다.

7 아브라함과 모세와 다윗은 하나님과 어느 정도로 교제를 가졌고, 교제하기를 원했습니까?

① 아브라함(창 18:17)

② 모세(출 33:11)

③ 다윗(행 13:22, 시 27:8, 42:1, 63:1)

8 우리가 하나님을 가까이 하며 교제할 때 얻는 복이 무엇이라고 생각하십니까? 각자 경험하며 생각하는 것을 나누어 보십시오. (약 4:8, 시 73:28)

9 하나님과의 교제를 회복하기 위해 먼저 우리가 해야 할 일은 무엇입니까?

① 마 5:23-24, 마 18:35

② 잠 28:13, 시 66:18-19

10 하나님과 바른 교제를 하기 위해 어떻게 해야 할까요?

① 요 4:23-24, 전 5:1

② 요 5:39, 요 14:21

③ 마 7:7-11

성도와의 교제

> 교회 안에서 성도간에 서로 모르고 지내는 것은 하나님 아버지의 마음을 아프게 하는 행위입니다. 교회 안에서 진정한 교제가 이루어지면 육신적인 형제보다 더 친밀하고 가까워지게 됩니다. 우리는 한 분 하나님 아버지를 섬기며 한 분 예수 그리스도로 인해 함께 구원받은 영광스러운 하나님 나라의 형제요 자매입니다.

11 교제하면서 서로 섬길 수 있도록 하나님께서 모든 그리스도인에게 주신 것은 무엇입니까?(요 13:34-35, 벧전 4:10-11)

12 각 지역 교회를 향하신 하나님의 소원은 무엇입니까?(고전 1:10, 요 17:11, 21-22, 빌 2:1-5)

....

13 그리스도의 몸 된 공동체 안에서 그리스도인들이 특별히 섬겨야 할 대상은 누구이며 어떻게 섬겨야 합니까?

① 섬겨야 할 대상(롬 14:1-3, 약 1:27, 5:14)

....

② 섬기는 방법(갈 5:13, 6:1-2, 약 5:16)

....

14 하나님이 금하시는 교제는 누구와의 교제입니까?

① 고전 6:15-17, 고전 3:16-17 ....

② 요이 1:7-11 ……………………………………………………………

15 하나님께서는 이스라엘 백성에게 가나안 땅에 거하는 주민과 교제하거나 혼인을 금하라 하셨습니다. 그 이유는 무엇일까요? (출 34:15-16, 신 7:2-4)

……………………………………………………………………………

16 성도 간의 교제를 증진시켜야 할 이유가 무엇이며 실천해야 할 일은 무엇입니까?

① 롬 12:5 (고전 12:25-26) ……………………………………………

② 엡 4:4~6 ………………………………………………………………

③ 롬 14:1~3 ……………………………………………………………

④ 눅 10:30-35 …………………………………………………………

17 왜 성도 간의 교제가 이토록 중요합니까?

① 갈 6:10, 엡 2:19 ....

② 마 18:19-20 ....

③ 전 4:9-10 (엡 2:22) ....

④ 요 17:21 (요 13:35) ....

18 "서로"라는 단어는 신약에 약 58번 나옵니다. 이것이 주는 의미가 무엇일까요?

서로 .... 갈 5:13

서로 .... 롬 15:7

서로 .... 골 3:13

서로 .... 롬 16:16

서로 .... 갈 6:2

서로 .... 롬 12:10

서로 .... 롬 15:14

서로 .... 엡 5:21

서로 .... 행 2:42

서로 .... 살전 5:11

19 성경에서 세상 사랑하지 말라! 믿지 않는 사람과 관계하지 말라!는 의미는 무엇입니까?(요일 2:15, 16)

① 롬 12:2 ....

② 엡 4:22-23 ....

③ 마 5:13, 14 ....

하나님과의 관계가 보다 친밀해지기 위해 내가 할 수 있는 것은 무엇이 있는지 함께 나누어 보십시오.

....

....

....

....

우리 교회가 소그룹 사역을 지향하고 있는 이유가 무엇이라고 생각하십니까?

....

....

....

....

lesson 9

그리스도인과 기도

 공부를 시작하며

　기도라는 관문을 통과하지 않고서는 크리스천의 삶을 살 수가 없습니다. 기도는 하나님과의 친밀한 교제이며 대화인 동시에 우리 영혼의 호흡입니다. 우리는 기도를 통해서 하나님의 능력을 체험하게 되고 하나님의 임재를 느낄 수 있으며 하나님의 뜻을 이루며 열매를 맺을 수 있습니다. 기도는 영혼의 갈망의 표현인 동시에 하나님을 향한 우리의 충성심의 표현이기도 합니다.

　가장 위대한 사람은 시간을 내어 기도하는 사람입니다. 기도하는 사람만 기도의 가치와 위력을 알게 됩니다. 하나님은 그의 자녀인 우리가 기도하기를 원하십니다. 기도는 중생한 그리스도인에게 주어진 특권입니다.

1 기도가 무엇인가를 정의해 보십시오.

① 주를 믿는 성도가 성령님의 (   )과 예수님의 (   )로 하나님 아버지께 간구하는 것(롬 8:26, 요 14:13)

② 절박한 문제를 앞에 두고, 약속의 말씀에 의지하여 그 문제를 하나님께 아뢰는 것(창 32:9-12)

2 구하는 자에게 주시는 하나님의 약속은 무엇입니까?

① 마 7:7-11 ....

② 렘 33:3 ....

3 기도할 때, 바람직한 자세는 무엇입니까?(시 121:1-2, 시 73:25, 시 63:1)

....

4 우리가 기도할 때 도와주시는 분은 누구입니까?

① 롬 8:34 (히 4:14-16)

② 롬 8:26-27

5 우리는 누구를 위해, 무엇을 위해 기도할 수 있습니까?

① 빌 4:6

② 마 9:38

③ 엡 6:19 (살후 3:1-2)

④ 약 5:13-16 (시 20:1)

⑤ 약 1:5 ....

⑥ 딤전 2:2 ....

⑦ 단 6:10 ....

6 기도의 본을 보이신 예수님은 언제 기도하셨나요?

① 막 1:35, 시 55:17 ....

② 마 4:1-2 ....

③ 눅 6:12 ....

④ 막 14:32-42 ....

7 기도 응답에 방해되는 요인들은 무엇입니까?

① 사 59:1-2 ....

② 마 6:14-15

③ 약 1:6-7

④ 약 4:3

⑤ 벧전 3:7

⑥ 마 6:5-8

⑦ 눅 18:9-14

8 하나님은 기도 응답을 어떤 방법으로 해 주십니까?

① 빌 4:6-7

② 고후 12:7-10

③ 시 40:1

④ 출 32:11-14

9 세상에서 가장 아름답고 완벽한 기도는 주님이 가르쳐 주신 기도 주기도문(The Lord's prayer)입니다.

① 우리의 기도 대상은 어떤 분이십니까? (마 6:9-13)

....

....

② 기도할 때 최우선으로 관심 두어야 할 것이 무엇입니까? (마 6:33, 26:39, 요 6:38, 17:3)

....

....

10 바울의 기도들을 살펴보십시오. 오늘날 우리가 드리는 기도의 내용과 차이점이 있다면 무엇이며 배우고 싶은 것은 무엇입니까?

① 엡 1:17-19 ....

② 엡 3:15-19 ....

③ 빌 1:9-11 ....

④ 골 1:9-12 ....

11 아굴과 야베스의 기도 내용을 살펴보고 본받고 싶은 교훈을 나누어 보십시오.

① 야베스의 기도(대상 4:10) ....

....

② 아굴의 기도(잠 30:7-9) ....

....

....

12 균형 있고 성숙한 기도생활을 위하여 다음 5가지 요소를 따라 기도합시다.

① 찬양 ....

② 감사 ....

③ 회개 ....

④ 중보 ....

⑤ 간구 ....

기도의 5가지 요소를 담아 자신, 가정, 교회, 나라를 위한 기도문을 작성해 보십시오.

....

....

매일 주님과 만나는 기도의 시간을 정하고 실천해 보십시오.

....

....

....

....

lesson 10
그리스도인과 전도

온 우주를 향한 하나님의 원대한 계획과 목적은 하늘에 있는 것이나 땅에 있는 모든 것들이 그리스도 예수 안에서 통일되는 것입니다.(엡 1:10) 이것이 성경 전체의 계시이며 주제입니다. 그러므로 복음 전파는 주님의 소원을 이루기 위한 수단이며 동시에 목적입니다. 전도는 주님께서 교회에 주신 대위임 명령입니다. 따라서 교회가 이 사역을 소홀히 한다면 교회 존재의 의의와 가치가 없는 것입니다. 성경 전체의 핵심 사상을 한마디로 요약하면 "예수 그리스도를 통한 하나님 나라의 구현과 건설"입니다.

1 예수 그리스도께서 이 땅에 오신 목적은 무엇일까요?(눅 19:10, 막 2:17, 요 10:10)

2 주님께서 우리에게 주신 지상 최초의 명령과 마지막 명령은 각각 무엇입니까?

① 마 4:18-19

② 마 28:18-19

3 하나님께서 우리를 택하여 부르신 목적은 무엇입니까?

① 행 9:15 (엡 3:8-9)

② 벧전 2:9

4 하나님께서 이 땅에 사는 사람들에게 가장 원하시는 소원은 무엇입니까?(딤전 2:4, 벧후 3:8-9)

5 당신은 구원받은 하나님나라의 백성으로서 하나님의 소원을 이루어 드리고 싶지 않습니까? 어떻게 주님의 소원을 이루어 드릴 수 있을까요?(막 16:15-16, 사 6:8)

6 바울은 어떤 심정을 가지고 복음을 전했습니까?

① 롬 1:14

② 고전 9:16

③ 롬 9:1-3, 롬 10:1

④ 행 20:24, 빌 1:20-21 ....

7 초대교회 사도들이나 바울이 전했던 복음의 핵심은 무엇이었습니까?

① 행 2:32, 36, 행 4:10 ....

....

② 고전 1:22-24 (15:3-4) ....

....

전도 전략

8 우리가 전도할 때 말해야 하는 기본 진리는 무엇입니까? 아래 성경구절을 찾아 정리해 보십시오.

① 롬 3:23, 롬 6:23 ....

....

② 롬 5:8, 요 3:16 ....

....

③ 행 4:12, 요 14:6 ....

....

④ 롬 10:9, 요 1:12, 엡 2:8-9 ....

....

9 효과적인 전도를 위한 전략으로서 우리가 알아야 할 것들은 무엇입니까?

① 마 10:5-6, 15:24

② 마 10:16

③ 골 4:3-4

④ 고전 9:20-22

10 전도자가 먼저 갖추어야 할 자질은 무엇입니까?

① 눅 24:49, 행 1:8

② 벧전 3:15-18

11 우리는 어떻게 전도할 수 있습니까?

① 행 4:19-20

② 요 1:41, 45

③ 마 5:13-16

④ 행 4:29, 엡 6:19

⑤ 행 17:2-3, 딤후 3:15

⑥ 요 9:25

12 사도행전 1장 8절은 우리에게 전도전략을 제시해 주고 있습니다. 이 말씀대로 복음이 점차 새로운 지역으로 펴져 나가는 과정을 볼 수 있습니다. 빈칸에 전도할 수 있는 사람들을 적절히 구별하여 적어 보십시오.(요 1:35-51)

① 예루살렘

② 유대 ....

③ 사마리아 ....

④ 땅끝 ....

13 우리가 복음을 전하다가 낙심하지 말아야 할 이유는 무엇입니까?

① 마 10:18-20 ....

② 행 2:47, 행 13:48 ....

14 전도함으로 얻게 되는 유익은 무엇입니까?

① 눅 10:20 ....

② 요 15:11, 행 8:8 ....

③ 사 52:7-10 ....

바울은 예수 그리스도를 만난 후 1,2,3차 그리고 로마까지(4차) 사명감 가지고 전도여행을 했습니다. 그럴 수 있었던 원동력이 어디에 있었을까요?

① 1차 전도여행 경로

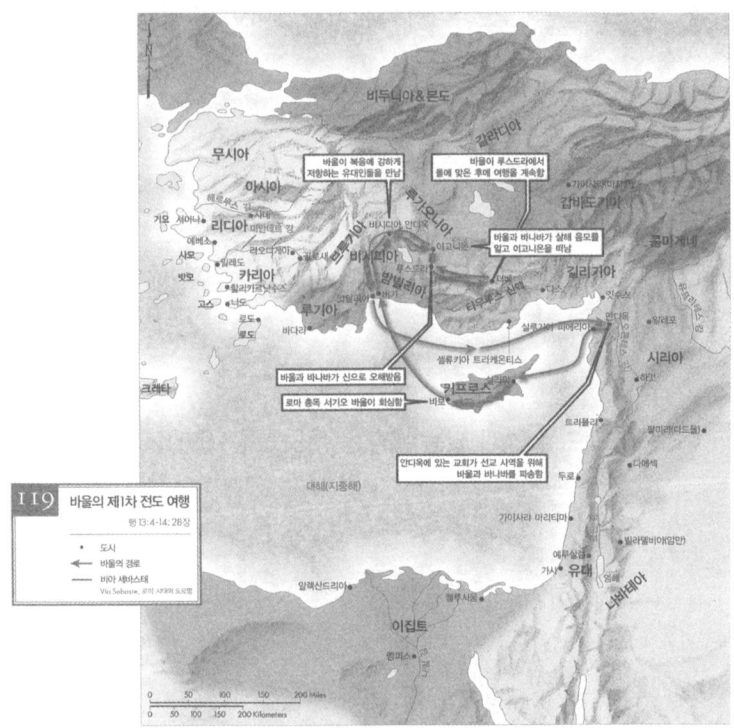

② 2차 전도여행 경로

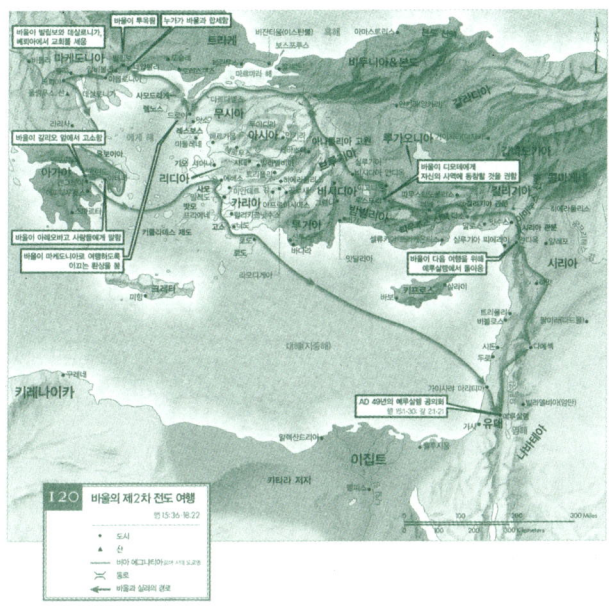

③ 3차 전도여행 경로

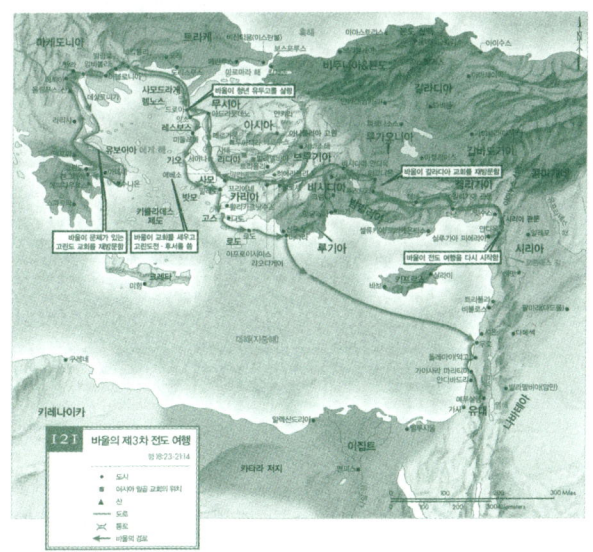

lesson 10 그리스도인과 전도

④ 4차 전도여행(로마) 경로

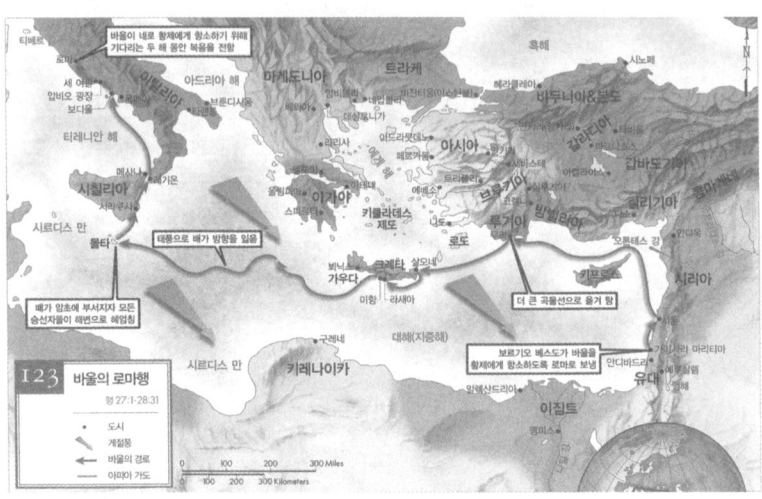

⑤ 현대인 전도에 있어 가장 이상적인 방법과 전략은 무엇이라고 생각하십니까?

....

....

....

....

⑥ 당신 주변의 불신자들을 그리스도 앞으로 인도하기 위하여 평상시 그들과 얼마나 좋은 관계를 맺고 있습니까? 언제, 어디서, 어떻게, 누구에게 전할 것인가를 구체적으로 계획해 보십시오. 전도 대상자들을 위해 함께 기도하는 시간을 갖도록 합시다.

대상자	나와의 관계	실천 계획

lesson 11
그리스도인과 시험

공부를 시작하며

 예수 그리스도를 믿음으로 하나님의 자녀가 되고 성령 충만한 삶을 산다 할지라도 그리스도인에게 시험은 있습니다. 우리가 육신을 입고 있는 한 외적, 내적으로 유혹의 시험을 끊임없이 만나게 됩니다. 신앙생활이란 어쩌면 매일 시험과의 싸움이라고 볼 수 있습니다.

 사단은 끊임없이 우리를 공격해 오고 있습니다. 하지만 우리에게 시험이 있다는 것은 우리가 하나님께 속했다는 증거이기도 합니다. 하나님은 광야 같은 세상에서 우리를 그 나라의 온전한 백성으로 삼으시려고 시련을 통해 준비시키는 분이십니다. 성공적인 신앙생활이란 시험을 이기는 생활이라 할 수 있습니다. 어떻게 하면 유혹의 시험에서 승리할 수 있을까요?

1 시험의 유형에는 어떤 것들이 있습니까?

① 창 22:1, 출 15:25 ⋯⋯⋯⋯⋯⋯⋯⋯⋯⋯⋯⋯⋯⋯⋯⋯⋯⋯⋯

② 욥 1:12, 마 4:7-9 ⋯⋯⋯⋯⋯⋯⋯⋯⋯⋯⋯⋯⋯⋯⋯⋯⋯⋯⋯

③ 출 17:2, 7 (민 14:22, 마 22:35, 행 5:9) ⋯⋯⋯⋯⋯⋯⋯

2 하나님께서는 왜 당신의 백성을 시험(Test)하실까요?

① 창 22:12 ⋯⋯⋯⋯⋯⋯⋯⋯⋯⋯⋯⋯⋯⋯⋯⋯⋯⋯⋯⋯⋯⋯⋯⋯

② 시 66:10, 욥 23:10 ⋯⋯⋯⋯⋯⋯⋯⋯⋯⋯⋯⋯⋯⋯⋯⋯⋯⋯

③ 약 1:2-3, 벧전 5:10 ⋯⋯⋯⋯⋯⋯⋯⋯⋯⋯⋯⋯⋯⋯⋯⋯⋯

3 유혹의 시험자인 사단은 어느 때, 어떤 방법으로 시험합니까?

① 요 13:2 (창 3:1, 4-5) ⋯⋯⋯⋯⋯⋯⋯⋯⋯⋯⋯⋯⋯⋯⋯⋯

② 마 4:1-9

③ 삼하 11:1-4

4 왜 사람들은 유혹의 시험(Temptation)에 빠질까요?

① 약 1:13-15

② 갈 6:1

③ 요일 2:15-16

5 예나 지금이나 사단은 '3가지 무기'로 하나님의 백성을 넘어뜨리려 끊임없이 공격하고 유혹합니다. 그것이 무엇입니까?

① 고전 6:15, 18

② 딤전 6:9-10

③ 마 4:8-9

6 시험에서 승리하기 위해 취해야 할 태도는 무엇입니까?

① 요일 5:4-5

② 마 4:4, 7, 10 (시 119:9, 11)

③ 마 26:41, 히 2:18

④ 요 16:33

⑤ 약 4:7, 마 4:10

⑥ 창 39:10-12

⑦ 엡 6:10-13 (딤후 2:22)

7 시험에서 승리하는 자에게 주어지는 복은 무엇입니까?

① 마 4:11, 창 22:14, 시 119:67

② 약 1:12 ....

③ 시 1:1-3 ....

나눔과 적용

요즘 나에게 자주 찾아오는 유혹의 시험이 무엇인가를 기록해 봅시다. 그 시험을 이기도록 하나님께 기도하십시오.

....

....

시험에서 승리했을 때와 실패했을 때 그 감정 상태가 어떠했었는지를 나누어 보십시오.

....

....

lesson 12

균형잡힌 신앙생활

공부를 시작하며

달리던 차의 바퀴가 펑크 나거나 바람이 빠지면 차가 균형을 잃어 생명의 위협을 받을 수 있는 것처럼, 신앙생활에서 균형을 잃으면 건강한 믿음을 가질 수가 없습니다. 우리의 인격에도 3요소(지, 정, 의)가 있듯이 믿음의 균형을 이루는 일은 아주 중요한 일입니다.

주변에 보면 믿음이 좋다 하는 사람들 가운데 사회로부터 손가락질과 지탄을 받는 일들이 있습니다. 의를 위한 핍박이라기보다는 관계의 균형을 상실한 채 광신주의 혹은 극단주의로 신앙생활을 하려고 하는 경향 때문입니다. 성경의 원리와 가르침을 바로 이해하지 못하는 데서 이런 현상이 나타납니다. 참된 영성과 경건은 '균형'이라고 영성신학자들은 한결같이 정의하고 있습니다. 균형 있는 신앙생활이 하나님을 영화롭게 하며 이웃에게 큰 유익과 덕을 가져다 줍니다.

하나님께서는 구원받은 그의 백성에게 각 분야에서 균형 있는 관계를 유지하여 하나님의 영광을 드러내며 이 땅에 하나님의 나라를 이루기를 원하십니다. 균형잡힌 신앙생활이 교회와 성도 개개인을 건강하게 합니다.

1 성경은 믿음과 행위와의 관계를 어떻게 가르치고 있습니까? (약 2:14-26, 마 7:21-24, 엡 2:8-10)

2 하나님의 위대한 역사를 이루었던 사람들을 살펴보면 신앙생활의 균형을 이루었던 사람들입니다.

① 창 23:5-6

② 창 39:3-4 ....

③ 삼상 3:19-20 ....

④ 삼상 26:25 ....

⑤ 단 6:4 ....

3 세상 속에서 그리스도인의 모습이 어떠해야 할까요?

① 롬 13:1-2 (딤전 2:1-2) ....

....

② 마 5:13-14, 롬 12:2 ....

....

③ 행 2:47, 11:26 ....

....

4 　십계명을 간단히 요약해 보십시오. 십계명을 주신 하나님의 궁극적인 의도는 무엇이라고 생각하십니까?(출 20:1-17, 마 22:37-40, 롬 13:9-10)

....

....

5 　예수님께서는 사랑해야 할 대상이 누구까지라고 말씀하셨습니까?(마 5:43-48)

....

6 　균형 잡힌 신앙생활을 한다는 것은 무엇을 의미하는 것입니까?

① 빌 2:5 (마 11:29) ....

② 창 39:9 ....

③ 히 12:2 ....

④ 엡 6:5-9 (요 8:29) ....

7 당신은 그리스도인으로서 여러 영역에서 어떤 관계를 맺고, 어떻게 살고 있습니까?

① 하나님(주님) : 요 15:4-5 (롬 12:1, 약 4:8, 딤후 2:15)

....

② 교회 : 롬 12:5, 10 (행 20:28, 38, 갈 6:10)

....

③ 교역자 : 히 13:17, 갈 6:6

....

④ 가정 : 엡 5:22-6:4 (딤전 3:4-5, 골 3:18-21)

....

⑤ 직장 : 골 3:22-24 (창 39:3-4)

....

⑥ 세상 : 마 5:13-16 (롬 13:4-8)

....

⑦ 물질 : 딤전 6:6-10, 17-19 (대상 29:11-14)

....

8. 교회의 사명을 논할 때 다음의 4가지를 말합니다. 우리 공동체는 4가지 사역이 균형 있게 이루어지고 있는지를 점검해 보십시오.

① 케리그마(κῆρυγμα, 말씀 선포)

....

② 디다케(Διδαχή, 교육과 훈련)

　　　..

③ 디아코니아(διακονια, 세상 섬김)

　　　..

④ 코이노니아(κοινωνία, 교제)

　　　..

9 오늘날 교회가 사역의 균형을 이루기 위하여 본받아야 할 모델은 초대교회입니다. 예루살렘교회와 안디옥교회를 보면서 우리가 얻을 수 있는 교훈은 무엇입니까?

① 행 2:42-47 　..

② 행 11:26-30 　..

10 이스라엘은 관계의 균형에 실패하여 책망을 받았습니다. 그 내용을 요약해 보십시오.

① 사 1:10-17

② 마 15:1-10

11 균형잡힌 신앙생활의 최종 목적은 무엇입니까?

① 요 15:5-8

② 고전 10:31-33

신앙생활의 균형을 위해 나 자신이 힘써야 할 것이 무엇인지 묵상해 보십시오.

....

....

나의 균형잡힌 신앙생활을 위한 지침서를 작성해 보십시오.(가정, 교회, 직장)

....

....

lesson 13

하나님 나라

공부를 시작하며

　성경 전체의 대주제는 하나님 나라입니다. 하나님의 형상대로 지음 받은 인간이 범죄함으로 하나님 나라를 상실하게 되었습니다. 그 나라를 예수 그리스도를 통하여 회복시키고 완성시키겠다는 것이 성경의 약속입니다.

　죄에 빠진 인간은 예수 그리스도를 믿는 순간 하나님의 나라에 들어가게 되며 하나님 나라(천국)를 이 땅에서 경험하며 궁극적으로는 미래에 완성될 하나님 나라(천국)에 들어가게 됩니다. 하나님 나라(천국)를 단순히 '죽어서 가는 곳'이라고 생각하는 사람들이 많이 있습니다. 그러나 하나님 나라는 현재적이며 동시에 미래적인 양면성을 가지고 있습니다.

　하나님 나라에 대한 바른 이해가 있을 때 그 나라 백성으로

이 땅에서 사명을 감당할 수 있으며, 이생에서도 하나님 나라를 충만히 누릴 수 있습니다.

1 성경은 하나님 나라(천국)를 어떻게 설명하고 있습니까?

① 눅 17:20-21, 마 12:28 ....
....

② 롬 14:17 ....
....

③ 시 103:19, 계 21:3-4 ....
....

④ 시 146:10 하나님의 다스림과 통치가 있는 곳
....

⑤ 마 13:24-33 천국에 관한 비유

....

2 말씀으로 세상을 창조하시고 사람을 자신의 형상대로 만드신 하나님께서 인류를 향한 계획을 갖고 계셨는데 무엇이었으며, 하나님나라가 성경의 주된 관심사가 되는 이유가 무엇일까요?

① 창 1:1, 1:26, 28 ....

② 창 3:7-17 ....

③ 롬 5:12-15 ....

✳ **창조/ 타락/ 구속**

3 예수님과 바울이 전한 복음에서도 핵심주제가 「하나님 나라」였음을 알 수 있습니다.

① 마 5:3-8 (산상수훈) ⋯⋯⋯⋯⋯⋯⋯⋯⋯⋯⋯⋯⋯⋯⋯⋯⋯⋯⋯⋯⋯⋯

⋯⋯⋯⋯⋯⋯⋯⋯⋯⋯⋯⋯⋯⋯⋯⋯⋯⋯⋯⋯⋯⋯⋯⋯⋯⋯⋯⋯⋯⋯⋯⋯

② 마 13장 (씨뿌리는 비유) ⋯⋯⋯⋯⋯⋯⋯⋯⋯⋯⋯⋯⋯⋯⋯⋯⋯⋯

⋯⋯⋯⋯⋯⋯⋯⋯⋯⋯⋯⋯⋯⋯⋯⋯⋯⋯⋯⋯⋯⋯⋯⋯⋯⋯⋯⋯⋯⋯⋯⋯

③ 마 25장 (종말의 비유) ⋯⋯⋯⋯⋯⋯⋯⋯⋯⋯⋯⋯⋯⋯⋯⋯⋯⋯⋯

⋯⋯⋯⋯⋯⋯⋯⋯⋯⋯⋯⋯⋯⋯⋯⋯⋯⋯⋯⋯⋯⋯⋯⋯⋯⋯⋯⋯⋯⋯⋯⋯

④ 마 6:10 (주기도) ⋯⋯⋯⋯⋯⋯⋯⋯⋯⋯⋯⋯⋯⋯⋯⋯⋯⋯⋯⋯⋯⋯

⋯⋯⋯⋯⋯⋯⋯⋯⋯⋯⋯⋯⋯⋯⋯⋯⋯⋯⋯⋯⋯⋯⋯⋯⋯⋯⋯⋯⋯⋯⋯⋯

⑤ 눅 13:18-21 ⋯⋯⋯⋯⋯⋯⋯⋯⋯⋯⋯⋯⋯⋯⋯⋯⋯⋯⋯⋯⋯⋯⋯⋯

⋯⋯⋯⋯⋯⋯⋯⋯⋯⋯⋯⋯⋯⋯⋯⋯⋯⋯⋯⋯⋯⋯⋯⋯⋯⋯⋯⋯⋯⋯⋯⋯

⑥ 행 20:25, 28:31 ⋯⋯⋯⋯⋯⋯⋯⋯⋯⋯⋯⋯⋯⋯⋯⋯⋯⋯⋯⋯⋯⋯

⋯⋯⋯⋯⋯⋯⋯⋯⋯⋯⋯⋯⋯⋯⋯⋯⋯⋯⋯⋯⋯⋯⋯⋯⋯⋯⋯⋯⋯⋯⋯⋯

4 하나님께서 이스라엘 백성에게 가나안 땅을 주시겠다는 약속을 자주 상기시킨 이유가 무엇입니까?(창 12:1~5).

5 성경은 하나님의 나라가 현재성과 미래성을 가지고 있음을 밝히고 있습니다. 다음 성경에서 설명해 보십시오.

현재적 하나님 나라

(1) 우리가 하나님 나라를 어떻게 경험할 수 있을까요?

① 행 16:31

② 마 13:44

③ 눅 24:46-47, 시 32:1-2, 행 2:38-40

④ 요 14:27, 시 4:7-8

⑤ 롬 1:16-17 ....

....

(2) 현재적 하나님나라를 경험한 믿음의 선배들은 이 땅에서 어떻게 살았습니까?

① 히 11:13-16 ....

....

② 히 11:24-26 (출 34:29) ....

....

③ 대상 29:10-15 ....

....

④ 마 17:4 ....

....

⑤ 행 7:55-60 (행 7:15)

⑥ 고후 12:1-2, 빌 3:7-9, 14

미래적 하나님 나라

(1) 궁극적으로 하나님의 나라는 미래에 완성됩니다. 미래적 하나님나라의 모습을 다음 성경에서 어떻게 묘사하고 있습니까?

① 히 9:27 (고후 5:1)

② 사 11:6-8 (사 65:17, 66:22)

③ 마 13:43 ....
....

④ 마 25:34 ....
....

⑤ 고후 4:16-18 (요 18:36) ....
....

⑥ 계 22:1-5 (계 21:1~4) ....
....

(2) 미래적인 하나님 나라를 바라보며 살아가는 그리스도인들에게 요구되는 삶은 어떤 것들 입니까?

① 고후 5:9-10 (빌 3:20) ....
....

② 요 17:4 (고전 10:31-33)

③ 마 6:33

④ 딤전 2:4, 딤후 4:1-2

⑤ 골 3:1-4, 요일 2:15-17

⑥ 롬 6:13-14 (롬 14:8)

지금까지 당신은 현재적 하나님 나라와 미래적 하나님 나라 중에서 어느 쪽에 더 치중하여 산 것 같습니까? 그렇다면 이후에는 어떠한 노력을 하고 싶습니까?

세상에 있는 보이는 것이 전부인 것처럼 살아가는 사람들에게 하나님나라를 발견한 우리가 해야 할 일은 무엇이며 오늘 내가 해주고 싶은 말은 무엇입니까?

균형잡힌 신앙생활

1판 1쇄 인쇄 _ 2025년 7월 10일
1판 1쇄 발행 _ 2025년 7월 15일

지은이 _ 최상태
펴낸이 _ 이형규
펴낸곳 _ 쿰란출판사

주소 _ 서울특별시 종로구 이화장길 6
편집부 _ 745-1007, 745-1301~2, 743-1300
영업부 _ 747-1004, FAX 745-8490
본사평생전화번호 _ 0502-756-1004
홈페이지 _ http://www.qumran.co.kr
E-mail _ qrbooks@daum.net / qrbooks@gmail.com
한글인터넷주소 _ 쿰란, 쿰란출판사
페이스북 _ www.facebook.com/qumranpeople
인스타그램 _ www.instagram.com/qrbooks
등록 _ 제1-670호(1988.2.27)
책임교열 _ 오완 · 최은샘

ⓒ 최상태 2025 ISBN 979-11-94464-88-4 93230

책값은 뒤표지에 있습니다.
이 출판물은 저작권법에 의해 보호를 받는 저작물이므로 무단 복제할 수 없습니다.
파본(破本)은 구입처에서 교환해 드립니다.